AF320886

LA VIE

DE SAINT

GORGON,

MARTYR,

Avec les Prières et Oraisons.

On célèbre la Fête le 9 Septembre, en l'Eglise du Fréty, Diocèse de Reims.

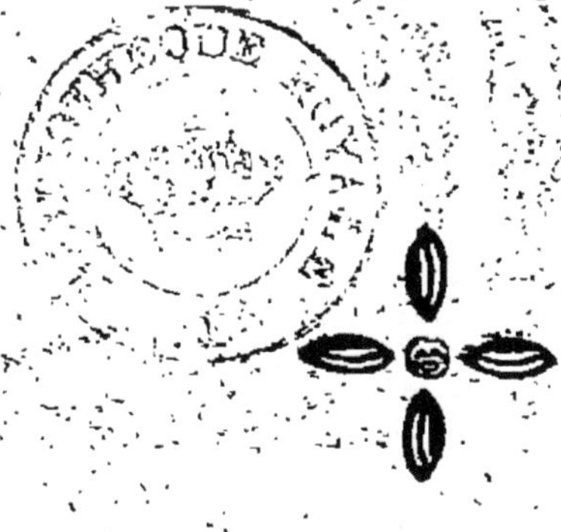

A BRUNHAMEL,

CHEZ DOCÉ, FILS, LIBRAIRE.

SAINT GORGON,
Priez pour Nous.

LA VIE
DE
SAINT GORGON,
MARTYR.

An 302, Saint Marcel, Pape, Dioclétien, Empereur.

L'EMPEREUR DIOCLÉTIEN, en la dix-neu-
vième année de son Empire, fit pu-
blier un Edit en la Ville de Nicomédie,
par lequel il ordonnait que toutes les Egli-
ses des Chrétiens fussent démolies, et les
saints Livres brûlés, que les Nobles fussent déclarés roturiers, et les roturiers
esclaves s'ils refusaient d'adorer les Dieux.
Il ajouta depuis que tous les Prélats, et
tous les Chefs de l'Eglise de Jésus-Christ,
quelque part qu'ils soient trouvés, fussent
pris et contraints à force de tourmens, de
renier notre sainte Religion. Un brave Che-
valier Chrétien, nommé Pierre, vit cette

Ordonnance, et transporté de l'amour de Dieu, après l'avoir lue en la place publique où elle étoit affichée, il la déchira, sans se soucier du couroux de l'Empereur, qui étoit en la même ville, ni du du mal qui pourroit en arriver. Dioclétien se facha quand on lui rapporta que Pierre l'avoit fait en dépit de lui. Il le fit prendre et exposer à autant de cruels tourmens, que l'on se pouvoit se promettre de sa fureur et de sa cruauté extraordinaires, dans lesquels le bienheureux Martyr rendit l'esprit avec une généreuse constance.

En ce temps-là, Dioclétien avoit deux Gentils-hommes de chambre, ses favoris, qui se nommoit Gorgon et Dorotée : ils étoient Chrétiens convertis, qui, par leurs exemples et par leurs bons conseils, avoient attiré plusieurs de leurs compagnons à la foi de J. C. Ceux-ci s'étant trouvés aux tourmens de Saint Pierre, furent si vivement touchés par son exemple, et tellement embrasés du désir de mourir pour Jesus-Christ, qu'ils parlèrent tous deux à l'Empereur de cette sorte :

« Que veut dire cela, Dioclétien, que vous faites tourmenter Pierre pour ce

» crime ? S'il est tel , nous sommes aussi
» coupables que lui. Si vous le faites tour-
» menter à cause qu'il est Chrétien, nous
» le sommes aussi bien que lui, et nous
» tenons sa même Réligion. » Le Tyran,
étonné d'entendre cela , change l'amour
qu'il leur portoit auparavant en une haine
extrême , il les fit fouetter cruellement,
et leur fit égratigner la peau ; puis jeter du
sel et du vinaigre dans les plaies qui dé-
couvroient leurs entrailles , après cela on
les mit sur le gril , pour les rôtir à petit
feu , et pour leur rendre la mort d'autant
plus sensible qu'elle seroit plus longue ;
enfin , ils les étranglèrent et ces deux
Saints Martyrs rendirent leur ames à
Dieu.

Métaphrase dit que Dorotée eut la tête
tranchée et que Gordon fut étranglé avec
une grosse pierre au col , leurs corps furent enterrés par quelques Chrétiens.

Depuis, par succession de temps, le
corps de saint Gorgon fut porté à Rome,
et enterré en la rue Latine, d'où le Pape
Grégoire IV le fit transporter en l'Eglise
de st. Pierre, comme dit le Martyrologe
Romain ; celui de Bède, d'Usar et d'Adou,
font mention de ces saints Martyrs le neuf

(8)

Septembre, jour que l'Église célébre
leurs Fêtes.

Imitez-le, Chrétiens et Pélerins qui
venez dans cette Église du Fréty visiter et
honorer ce Saint dans la vue des douleurs
qu'il a endurées pour Jésus-Christ, de-
mandez à Dieu, de tout votre cœur, la
grâce d'être animés du même esprit dans
la Foi, dans l'Espérance et dans la Charité,
pour jouir avec lui du même bonheur dans
la gloire. Ainsi soit-il.

PRIERES ET ORAISONS

QUE L'ON DIT A SAINT GORGON.

Tous Fidèles Chrétiens doivent implorer au
commencement de leurs Prieres l'assistan-
ce du St. Esprit, en disant : In nomine
Patris, et Filii, et Spiritus Sancti. Amen.

VENI Sancte Spiritus, reple tuorum
corda fidelium, et tui amoris in eis
ignem accende.

℣. Emitte Spiritum tuum et creabuntur;
℟. Et renovabis faciem terræ.

Oremus.

Deus qui corda fidelium Sancti Spiritûs illustratione docuisti, da nobis in eodem Spiritu recta sapere, et de ejus semper consolatione gaudere; Per Dominum.

Venez, Esprit Saint, remplissez les cœurs de vos Fidèles, et allumez en eux le feu de votre divin amour.

V. Envoyez-nous votre Esprit, et nos cœurs seront créés de nouveau.

R. Et vous renouvellerez la face de la terre.

Oraison.

Grand Dieu, qui avez par la lumiere du Saint-Esprit, enseigné des cœurs des Fidèles, faites-nous la grâce, que dans ce même Esprit, nous ne goûtions que des choses droites, et saintes, et que par ces divines consolations, nous soyons éternellement en Notre-Seigneur Jesus-Christ.

Ainsi soit-il.

Pater noster.

Ave Maria.

Credo in Deum.

Antienne à Saint Gorgon.

Hic est verè Martyr, qui pro Christi nomine sanguinem suum fudit, que minas judicum non timuit, nec terrenæ dignitatis gloriam quæsivit, sed ad cœlestia regna feliciter pervenit.

℣. Gloria et honore coronasti eum, Domine; ℟. Et constituisti eum super opera manuum tuarum.

Oraison

Præsta, quæsumus, omnipotens Deus, ut intercedente beato Gorgonio Martyre tuo, et à cunctis adversitatibus liberemur in corpore, et à pravis cogitationibus mundemur in mente; Per Dominum.

O! grand saint Gorgon, vous êtes véritablement ce généreux Martyr, qui avez répandu votre sang pour l'amour de J. C. Vous n'avez pas redouté les menaces des Tyrans, et vous avez méprisé les honneurs et les richesses du monde, et vous êtes heureusement parvenu au royaume des Cieux.

℣. Seigneur, vous l'avez couronné de gloire et d'honneur.

℟. Vous l'avez établi au-dessus des ouvrages de vos mains, lui ayant accordé le privilége de faire des miracles.

Oraison.

DIEU tout - puissant, faites que par l'intercession de votre bienheureux Martyr Saint Gorgon, nous puissions être délivrés en notre corps de toutes les adversités, et purifiés en notre ame de toutes mauvaises pensées, par le mérite de votre Fils Jesus-Christ notre Seigneur. Ainsi soit-il.

Autre Oraison.

O Glorieux Martyr saint Gorgon, qui pour l'amour de Jesus-Christ, avez souffert en toutes les parties de votre corps les plus cruels tourmens que la rage des tyrans et des bourreaux ayent jamais inventés, au milieu desquels vous avez fait paroître la grandeur de votre foi et de votre zèle ; priez pour nous, qui invoquons et réclamons votre secours, afin que nous ne soyons pas tourmentés des maladies cruelles qui affligent notre corps, et que par votre intercession, nous puissions être délivrés des douleurs de la goutte, et de tous maux ; par Notre Seigneur Jesus-Christ, qui vit et régne avec vous, en l'unité du Saint-Esprit, dans tous les siècles des siècles. Ainsi soit-il.

Les Litanies de Saint Gorgon.

SEIGNEUR, ayez pitié de nous. Jesus-Christ, ayez pitié de nous. Jesus-Christ, écoutez-nous. Jesus-Christ, exaucez-nous.

Père éternel, Créateur du Ciel et de la Terre, ayez pitié de nous.

Fils de Dieu, Rédempteur du monde, ayez pitié nous.

Saint-Esprit, Sanctificateur des ames, ayez pitié de nous.

Sainte Trinité un seul Dieu, ayez pitié de nous.

Sainte Marie, Mère de Dieu, priez pour nous.

Saint Gorgon, priez pour nous.

Saint Gorgon, glorieux Martyr,

Saint Gorgon, Flambleau céleste,

Saint Gorgon, Soldat de Jesus-Christ,

Saint Gorgon, la santé des infirmes,

Saint Gorgon, plein de grâces de J. C.

Saint Gorgon, agréable à Dieu,

Saint Gorgon, rempli d'un état de vertus,

Saint Gorgon, l'honneur des Martyrs,

Saint Gorgon, serviteur de Dieu, très-aimé,

(13)

Saint Gorgon, bienfaiteur des Pélerins,
Saint Gorgon, vaisseau choisi de Dieu,
Saint Gorgon, l'appui des boiteux,
Saint Gorgou, médecin des pauvres af-
     fligés,
Saint Gorgon, la consolation des affligés,
Saint Gorgon, le soulagement des misé-
     rables,
Saint Gorgon, Soldat vraiment Chrétien,
Saint Gorgon, amateur des vertus,
Saint Gorgon, qui avez purifié votre cœur
     dans le sang de Jésus-Christ,
Saint Gorgon, patron d'humilité,
Saint Gorgon, consolateur des âmes,
Saint Gorgon, qui du travail êtes parvenu
     au repos,
Saint Gorgon, afin que nous soyons cou-
     ronnés comme vous,
Saint Gorgon, afin que nous jouissions de
     la paix éternelle avec vous,
Agneau de Dieu, qui effacez les péchés
     du monde, pardonnez-nous, Seigneur.
Agneau de Dieu, qui effacez les péchés
     du monde, pardonnez-nous, Seigneur.
Agneau de Dieu, qui effacez les péchés
     du monde, donnez-nous la paix.
Jésus-Christ, écoutez-nous!
Seigneur, ayez pitié de nous.

Jesus-Christ, écoutez-nous.
Seigneur, ayez pitié de nous.

Pater noster.

℣. Seigneur Dieu, que votre miséricorde s'étende sur nous.

℣. Soyez-nous Seigneur, une tour de forteresse,

℟. A l'encontre de l'ennemi.

℣. Que par votre vertu la paix se fasse,

℟. Et abondance nous soit donnée en nos tours.

℣. Seigneur, exaucez ma prière,

℟. Et que mes cris aillent jusqu'à vous.

℣. Saint Gorgon, intercédez pour nous.

℟. Et priez le Seigneur qu'il nous fasse miséricorde.

Oraison.

SEIGNEUR Dieu, dont le propre est de pardonner et de faire miséricorde, recevez, s'il vous plaît, notre prière, afin que par votre miséricorde, et par l'intercession du grand St. Gorgon, vous daigniez délier et délivrer les pécheurs qui sont affligés par le lien de la chaîne de leurs péchés ; vous qui vivez et régnez dans les cieux. Ainsi soit-il.

Oraison pour les péchés.

BIENHEUREUX saint Gorgon, priez le Seigneur Dieu, qui exauce les prières de ses humbles supplians, qu'il pardonne à ceux qui se confessent pécheurs, et qu'il nous donne la rémission de nos péchés, et la paix ; par Notre Seigneur Jesus-Christ. Ainsi soit-il.

Oraison à Saint Gorgon.

PROTECTEUR Saint Gorgon, priez le Seigneur Dieu, duquel procédent tous saints désirs, bons conseils et justes œuvres, qu'il donne à ses serviteurs cette paix que le monde ne peut donner, afin que nos cœurs soient dédiés à l'observance de ses saints commándemens, et que la crainte que nous pourrions avoir de nos ennemis étant ôtée, nous puissions vivre en paix et tranquilité par votre protection.

Ainsi soit-il.

Hymne en l'honneur de Saint Gorgon.

MARTYR de Dieu victorieux,
Triomphant de nos adversaires,
Vous suivez le Roi des Cieux,
Jouissant des biens salutaires.

(16)

Otez de nos vices le feu,
Par votre bonne et sainte prière,
Chassant le mal contagieux,
Et tout ce qui est contraire.
    De votre corps sacré, les liens
Sont déjà déliés sur la terre,
Délivrez-nous, pauvres Chrétiens,
Au nom de votre salutaire.
    A Dieu le Père, et à son Fils,
En soit premièrement la gloire,
Au Saint-Esprit, au deux unis,
En perpétuelle mémoire.
    Ainsi soit-il.

Antienne à Saint Gorgon.

BIENHEUREUX est l'homme qui souffre tentation ; après avoir été éprouvé, il reçoit la couronne de vie, que Dieu a promise à ceux qui l'aiment.

Oraison.

FAITES-nous ce bien, ô mon Dieu tout-puissant, d'être fortifiés en l'amour de votre Nom, par l'intercession de Saint Gorgon, Martyr, duquel nous honorons la fête. Par Notre Seigneur Jesus-Christ, votre Fils. Ainsi soit-il.

Autre Oraison à Saint Gorgon.

BON DIEU, qui avez élevé le bienheureux Saint Gorgon, votre glorieux Martyr, par la Grâce de l'avoir fait Chrétien, nous vous prions de nous faire ce bien, de profiter de son érudition et être défendus par sa prière ; Par N. S. J. C. Ainsi soit-il.

PRIÈRE

Au Sauveur du Monde, pour les Malades pendant la Neuvaine.

RECEVEZ, DIVIN RÉDEMPTEUR, les prières et les larmes que mon âme affligée vient de présenter en ce lieu durant les neuf jours à votre souveraine Majesté ; agréez, s'il vous plaît, la Neuvaine de mon sacrifice et de mes vœux, que je vous offre pour la délivrance de la maladie et du mal que je souffre. Il est vrai que la peine est très-justement due à mes péchés, mais parce que vous êtes juste, ô mon Dieu, dans les afflictions que vous m'envoyez, soyez-moi aussi miséricordieux en y mettant fin, ou en me donnant la patience et les forces pour les endurer avec mérite. Je vous conjure, Seigneur, par l'entremise du glorieux Saint Gorgon, afin qu'à son exemple je

puisse supporter mes afflictions et mériter la gloire éternelle.

Ainsi soit-il.

Oraison au Fils de Dieu Incarné.

VERBE divin, sans principe, et sans commencement, co-éternel et con-substantiel à votre Père qui avez voulu vous incarner dans les entrailles de Marie, afin de nous faire reconoître et adorer votre puissance dans la foiblesse, votre sagesse dans l'enfance, et votre Majesté souveraine dans la bassesse, et dans la pauvreté de votre naissance sur la terre ; et qui au bout de neuf mois avez voulu sortir du ventre de la Vierge et paroître au monde comme un enfant d'un jour. Je vous supplie, Seigneur, en mémoire de ce mystère d'amour, et en l'honneur des neuf mois de votre demeure dans le sein de Marie, de vouloir effacer nos crimes, qui ont attiré sur moi l'affliction que je souffre, et de m'en délivrer, je vous en supplie, ô mon Dieu, par les mérites de votre très-sainte Mère, et par l'intercession du glorieux Saint Gorgon, dont je viens implorer en ce lieu le secours et le grand pouvoir auprès de votre Majesté très-adorable. Ainsi soit-il.

Instruction pour faire un Pélerinage.

UN véritable Chrétien est persuadé qu'il doit bannir de son cœur toute curiosité dans le Pélerinage qu'il entreprend par dévotion, et que ce n'est pas une pure récréation, ni par manière de promenades que l'on fait les Pélerinages dans les lieux saints, mais par un pur motif d'adorer Dieu, d'honorer ses Saints, pour se rendre digne de mériter ses grâces, par leur intercession. C'est aussi pour ce sujet que l'Église, dès sa naissance, a regardé les visites des premiers Chrétiens aux tombeaux des Martyrs, comme de Sts. voyages.

Manière de faire le Pélerinage.

PUISQUE nous sommes éloignés de Dieu en péchant, ce seroit une considération très-Chrétienne que d'envisager le Pélerinage comme un retour à Dieu, et que le Pélerin fût dans cette amoureuse inquiétude : Quand arriverai-je en la maison de mon Dieu, ou plutôt qu'il dit avec l'Enfant prodigue : Je me leverai et sans tarder plus longtemps j'irai trouver mon père. Si nous sommes animés de cet esprit loin de songer à nous divertir en chemin , nous serons dans le même empressement que sainte Paule : nous ne serons jamais assez tôt arrivés à ce lieu de dévotion , où nous espérons faire notre paix avec Dieu , et les vents qui nous portent nous paraîtront toujours trop lents.

Mais d'abord que nous y serons arrivés, que ne ferons-nous pas pour ne pas correspondre à cette sainte impatience qui nous animoit en chemin. Saint Jérôme dit de Sainte Paule, que transportée d'un mouvement tout divin, et d'une piété toute extraordinaire, on la voyait se coucher par terre, et lécher, pour ainsi dire, les pavés des Églises où elle allait en Pélerinage , elle y fondoit en larmes et soupirs.

Ah ! que la foi des Chrétiens est aujourd'hui languissante ; mais si notre ferveur est trop au-dessous de celle qui animoit cette grande Dame, pour faire comme elle de nobles actions, qui nous empêche de pleurer intérieurement nos péchés pour en obtenir le pardon, et nous réconcilier avec celui que nous avons quitté depuis si long-temps. Pourquoi n'intercédons-nous par tout ce que nous avons d'amis dans le Ciel, et sur-tout le Saint que nous venons honorer dans ce lieu.

Considérons cette foule de Pélerins comme une ligue Sainte, dit Tertulien, à laquelle Dieu ne peut résister, au sentiment de St. Chrisostôme, qui dit, sur la seconde Épître aux Corinthiens, que Dieu refuse souvent à un particulier ce qu'il ne peut refuser à une multitude assemblée pour le prier. Et il explique sa pensée par une comparaison d'un homme riche, à qui si l'on demande l'aumône en secret, le pauvre est rebuté; mais si on lui demande en public, il a honte de refuser ce qu'on demande en bonne compagnie. Tout de même, dit cette bouche d'or, Dieu se rend aux prières de la multitude de ceux qui s'adressent à lui, et il a honte, pour ainsi dire, d'éconduire tant de monde.

Mais comme les assemblées des premiers Chrétiens ne se faisoient pas sans festin où les pauvres étoient conviés, ne rappelons point cette coutume, de laquelle, quoique fort charitable, sont arrivés tant d'excès: les Pères les condamnent dans leurs écrits; mais au moins si nous n'appelons point les pauvres de Jesus-Christ à notre table, pour leurs faire part de nos banquets religieux, que l'Egiise primitive approuvoit, n'oublions jamais de les aider de nos aumônes, et rendre nos voyages et nos Pélérinages fructueux et méritoires devant Dieu, et nous obtenir le pardon de nos offenses passées. Enfin, après ces belles et importantes dispositions, et après une Confession fidelle de ses péchés, présentons - nous à la Sainte Table, et unissons-nous à Dieu en recevant Jesus-Christ avec toute la pureté de notre cœur ; mais que ce retour et cette union soient si fermes et si intimes, qu'ils ne fassent plus aucun divorce, et faisons en sorte en achevant nos dévotions, que nous méritions d'entendre cette douce parole, avec laquelle Jesus-Christ renvoya la femme-adultère de l'Evangile : Retournez-vous-en chez vous, mais gardez-vous de retomber une autre fois dans le péché.

Prière quand on est en chemin.

SEigneur, mon Dieu qui avez fait passer le peuple d'Israël à travers la Mer Rouge à pied sec, et qui avez montré

(23)

le chemin aux trois Mages, sous la con-
duite d'une Etoile, accordez - nous un
chemin favorable et un temps agréable,
afin qu'acompagné de votre Saint Ange,
nous puissions arriver heureusement au
lieu où nous allons, et enfin parvenir un
jour au port du séjour éternel.

Ainsi soit-il.

F I N.

A P P R O B A T I O N.

Nous avons lu le Livre intitulé : *La
Vie de St. GORGON*, dans lequel
Nous n'avons rien trouvé qui ne soit
conforme à la Doctrine de l'Eglise :
En foi de quoi Nous avons signé, ce
30 Août 1782.

ROLAND, Vicaire-Général.

Imprimerie de DE GAMACHES-COLSON,
à Rocroi.

le chemin aux trois étoiles, sous la con-
duite d'une Étoile, accordez-nous un
chemin favorable et un temps agréable,
afin qu'accompagné de votre Saint Ange,
nous puissions arriver heureusement au
lieu où nous allons, et enfin parvenir au
jour au port de séjour éternel.

Ainsi soit-il.

F. X.

APPROBATION.

Nous avons lu le livre intitulé : Ma
Vie de Saint GEORGES, dans lequel
Nous n'avons rien trouvé qui ne soit
conforme à la doctrine de l'Église ;
En foi de quoi nous avons signé, ce
30 Août 1703.

[...]ONARD, Vicaire-Général.

Imprimerie de De Chavannes-Corson,
à Rodez.

www.ingramcontent.com/pod-product-compliance
Ingram Content Group UK Ltd.
Pitfield, Milton Keynes, MK11 3LW, UK
UKHW021716090726
13657UKWH00005B/2292